Las lombrices

Samantha Nugent

AV2 SPANISH
www.openlightbox.com

AV2 SPANISH

Paso 1

Ingresa a **www.openlightbox.com**

Paso 2

Ingresa este código único

A V P 2 9 4 9 2

Paso 3

¡Explora tu eBook interactivo!

Tu eBook interactivo trae...

Todo sobre los insectos

AV2 SPANISH

Las lombrices

Iniciar

Comparte

AV2 es compatible para su uso en cualquier dispositivo.

Audio
Escucha todo el lobro leído en voz alta

Videos
Mira videoclips informativos

Enlaces web
Obtén más información para investigar

¡Prueba esto!
Realiza actividades y experimentos prácticos

Palabras clave
Estudia el vocabulario y realiza una actividad para combinar las palabras

Cuestionarios
Pon a prueba tus conocimientos

Presentación de imágenes
Mira las imágenes y los subtítulos

Comparte
Comparte títulos dentro de tu Sistema de Gestión de Aprendizaje (LMS) o Sistema de Circulación de Bibliotecas

Citas
Crea referencias bibliográficas siguiendo los estilos de APA, CMOS y MLA

Este título está incluido en nuestra suscripción digital de Lightbox

Suscripción en español de K–5 por 1 año
ISBN 978-1-5105-5935-6

Accede a cientos de títulos de AV2 con nuestra suscripción digital.
Regístrate para una prueba GRATUITA en **www.openlightbox.com/trial**

Se garantiza que los componentes digitales de este libro estarán activos por 5 años.

Las lombrices

Contenidos

2   Código del libro AV2

4   Esta es la lombriz

6   Dónde viven

8   Cómo respiran

10   El ciclo de vida

12   Creciendo

14   Cómo se mueven

16   En busca de la luz

18   Qué comen

20   Su rol en la naturaleza

22   Datos sobre
   las lombrices

Esta es la lombriz.

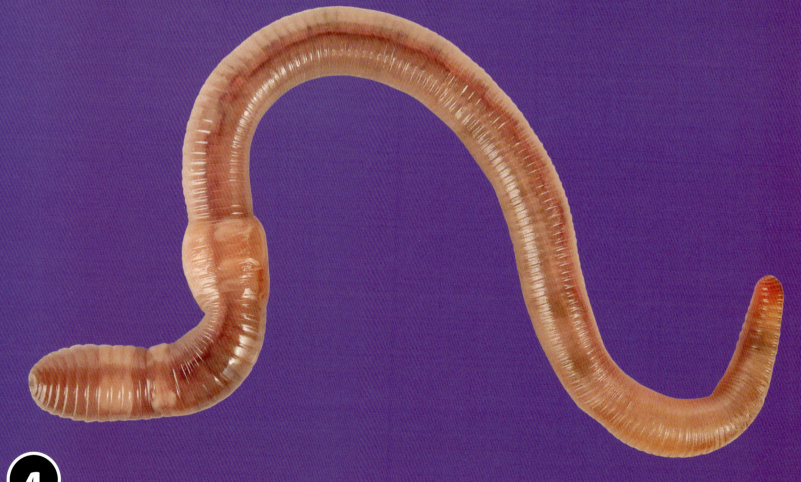

Las lombrices son animales pequeños.

Tienen un cuerpo largo y sin patas.

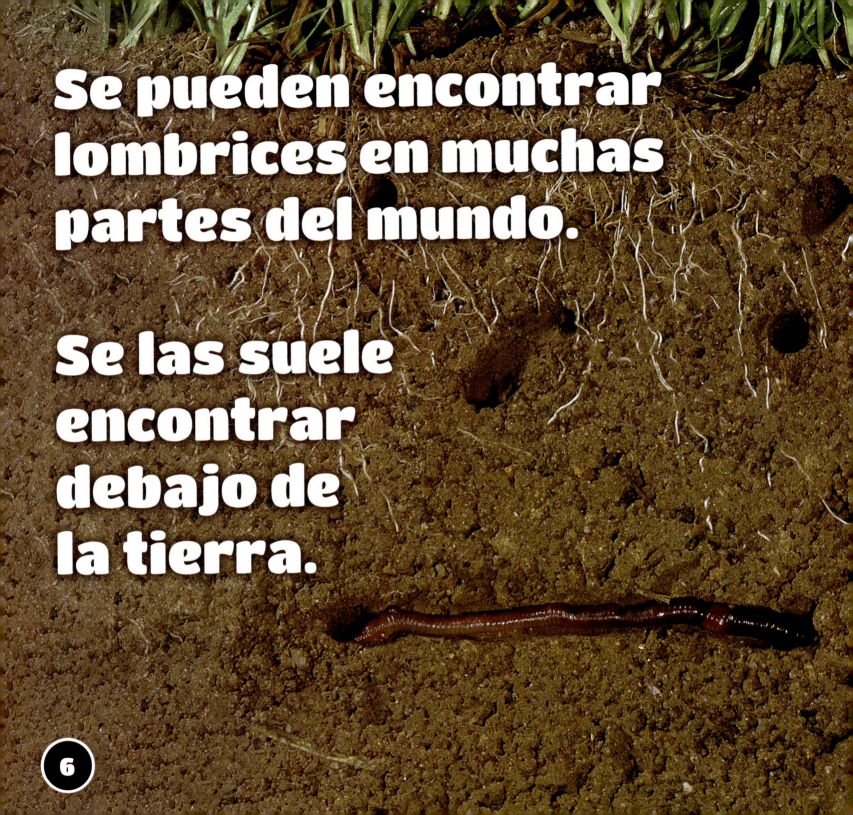

Se pueden encontrar lombrices en muchas partes del mundo.

Se las suele encontrar debajo de la tierra.

Las lombrices viven en la tierra húmeda.

Necesitan tierra húmeda para respirar.

Las lombrices nacen cuando salen de sus capullos.

Las lombrices bebés son delgadas y blancas.

Las lombrices bebés crecen cuando comen.

Algunos tipos de lombrices pueden llegar a ser más largas que una persona.

Las lombrices encogen y estiran su cuerpo.

Eso les permite desplazarse por el suelo.

Las lombrices no tienen ojos.

Por eso, usan su piel para encontrar la luz.

Piel

Las lombrices comen tierra.

A medida que comen, van haciendo túneles subterráneos.

Las lombrices son importantes para la naturaleza.

Comiendo tierra, ayudan a que crezcan las plantas.

DATOS SOBRE LAS LOMBRICES

Estas páginas ofrecen información detallada sobre los interesantes datos de este libro. Están dirigidas a los adultos, como soporte, para que ayuden a los jóvenes lectores a redondear sus conocimientos sobre cada criatura presentada en la serie *Todo sobre los insectos*.

Páginas 4–5

Las lombrices son animales pequeños. Pertenecen a un grupo de animales llamados invertebrados. Los invertebrados no tienen columna vertebral. Los insectos también son invertebrados, pero tienen muchas diferencias con las lombrices. Una de las principales diferencias es que las lombrices no tienen patas. Los insectos se identifican comúnmente por la presencia de seis patas.

Páginas 6–7

Se pueden encontrar lombrices en muchas partes del mundo. Viven en la mayoría de los continentes, incluidos América del Norte, Europa y Asia. Si bien las lombrices pueden salir a la superficie por la noche, pasan la mayor parte de su vida bajo la tierra. Dependiendo de la especie, se pueden encontrar lombrices justo debajo de la superficie o a más de 6,5 pies (2 metros) de profundidad.

Páginas 8–9

Las lombrices viven en la tierra húmeda. A diferencia de los animales que tienen pulmones para respirar el oxígeno del aire, las lombrices captan el oxígeno a través de su piel. Para eso, deben estar húmedas. Se las suele ver sobre la tierra cuando deja de llover. Las lombrices pueden sobrevivir en el agua por semanas, siempre que haya el oxígeno suficiente para poder respirar. Algunas especies pasan la mayor parte de su vida bajo el agua.

Páginas 10–11

Las lombrices nacen cuando salen de sus capullos. Cuando están listas para poner huevos, las lombrices fabrican unas bolsitas llamadas capullos. Estos capullos protegen a los huevos hasta que los bebés terminan de desarrollarse. De cada capullo salen entre una y cinco lombrices bebés delgadas y blancas. Poco después de nacer, ya toman color y empiezan a comer. Si el ambiente que rodea al capullo es demasiado seco, los bebés pueden esperar más de un año para salir del capullo.

Páginas 12–13

Las lombrices bebés crecen cuando comen. El tamaño de una lombriz depende de su especie, su edad y la cantidad de comida que consume. Cuando recién salen del capullo, las lombrices miden unas 0,5 pulgadas (1,3 centímetros) de largo. Si bien las lombrices comunes suelen medir unas 3 pulgadas (7,6 cm) de largo, hay una especie australiana que puede llegar a medir 11 pies (3,3 m) de largo.

Páginas 14–15

Las lombrices encogen y estiran su cuerpo. Tienen características especiales que les permiten moverse sin tener patas. Las lombrices tienen bandas circulares de músculos que rodean los segmentos del cuerpo. Estos músculos se contraen al mismo tiempo, permitiendo que la lombriz se estire al máximo. Las lombrices también tienen músculos que corren verticalmente por su cuerpo y hacen que los segmentos del cuerpo empujen juntos. Encogiéndose y estirándose varias veces, la lombriz puede moverse hacia adelante o hacia atrás.

Páginas 16–17

Las lombrices no tienen ojos. Las lombrices pueden distinguir la luz fuerte de la luz tenue y la oscuridad. Su piel tiene células especiales llamadas fotorreceptores. La mayoría de estas células están cerca del extremo frontal del cuerpo de la lombriz. La sensibilidad a la luz les permite saber cuán cerca están de la superficie del suelo. Evitando la luz fuerte, las lombrices evitan el riesgo de secarse con el sol.

Páginas 18–19

Las lombrices comen tierra. También comen plantas y animales en descomposición. A medida que comen la tierra, van cavando túneles. Algunas lombrices usan esos túneles como su hogar permanente, o guarida. Estas lombrices salen a la superficie por la noche para buscar y llevar hojas y tallos de plantas a su guarida. Otras lombrices hacen túneles continuamente.

Páginas 20–21

Las lombrices son importantes para la naturaleza. Contribuyen con la salud de las plantas cercanas. Los desechos que producen las lombrices devuelven nutrientes al suelo. Estos nutrientes ayudan a que las plantas crezcan. Las plantas también aprovechan los túneles de las lombrices. Estos túneles favorecen el paso del aire y el agua y ablandan el suelo que rodea a las raíces de las plantas.

Published by Lightbox Learning Inc.
276 5th Avenue, Suite 704 #917
New York, NY 10001
Website: www.openlightbox.com

Library of Congress Control Number: 2024947239

ISBN 979-8-8745-1350-4 (hardcover)
ISBN 979-8-8745-1352-8 (static multi-user eBook)
ISBN 979-8-8745-1354-2 (interactive multi-user eBook)

Printed in Guangzhou, China
1 2 3 4 5 6 7 8 9 0 29 28 27 26 25

102024
101724

Art Director: Terry Paulhus
English Project Coordinator: John Willis
Spanish Project Coordinator: Sara Cucini
English/Spanish Translation: Translation Services USA

Photo Credits
Every reasonable effort has been made to trace ownership and to obtain permission to reprint copyright material.
The publisher would be pleased to have any errors or omissions brought to its attention so that they may be corrected in
subsequent printings. The publisher acknowledges Alamy, Minden Pictures, Getty Images, and Shutterstock as its primary
image suppliers for this title.